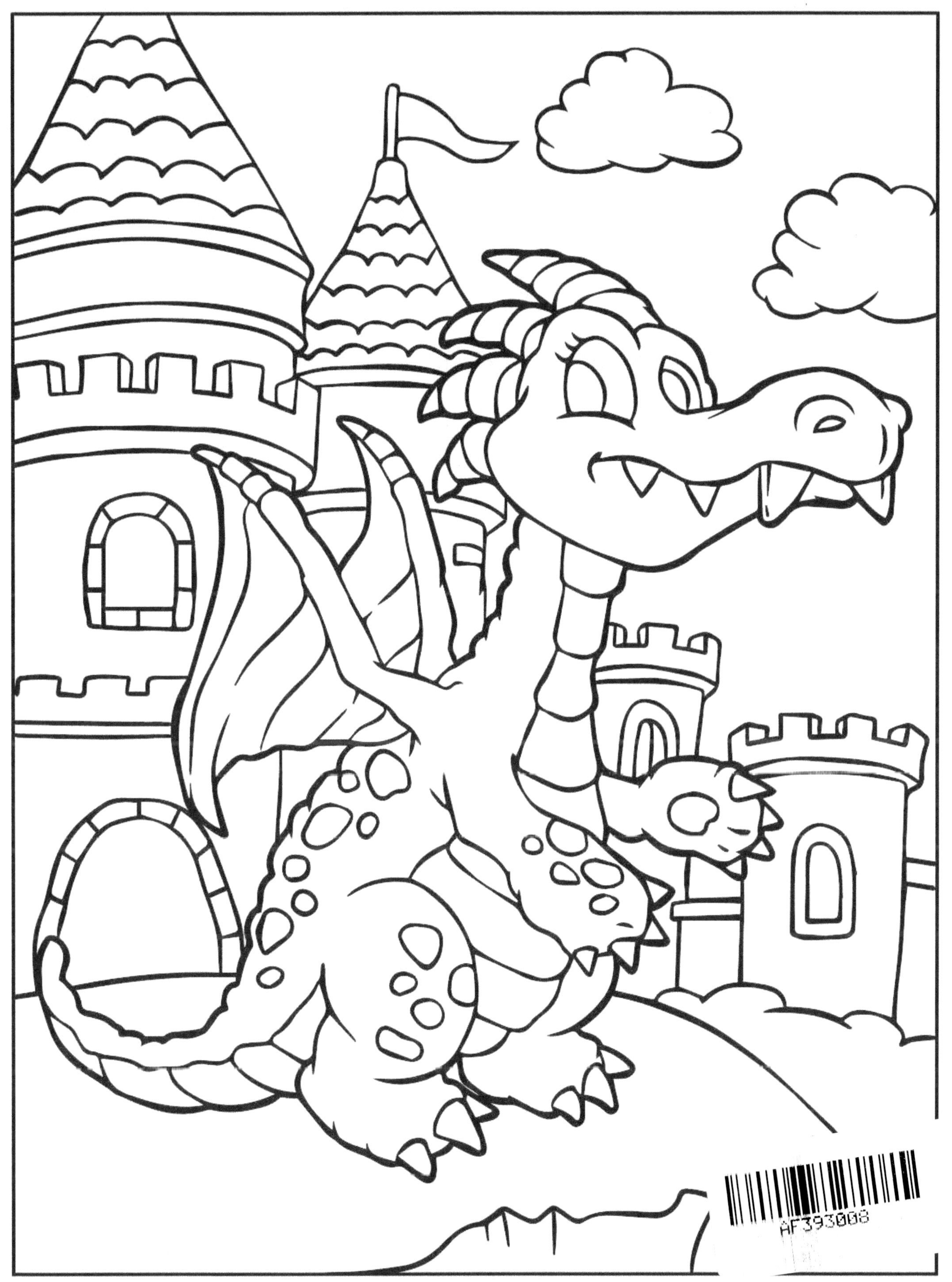
AF393008

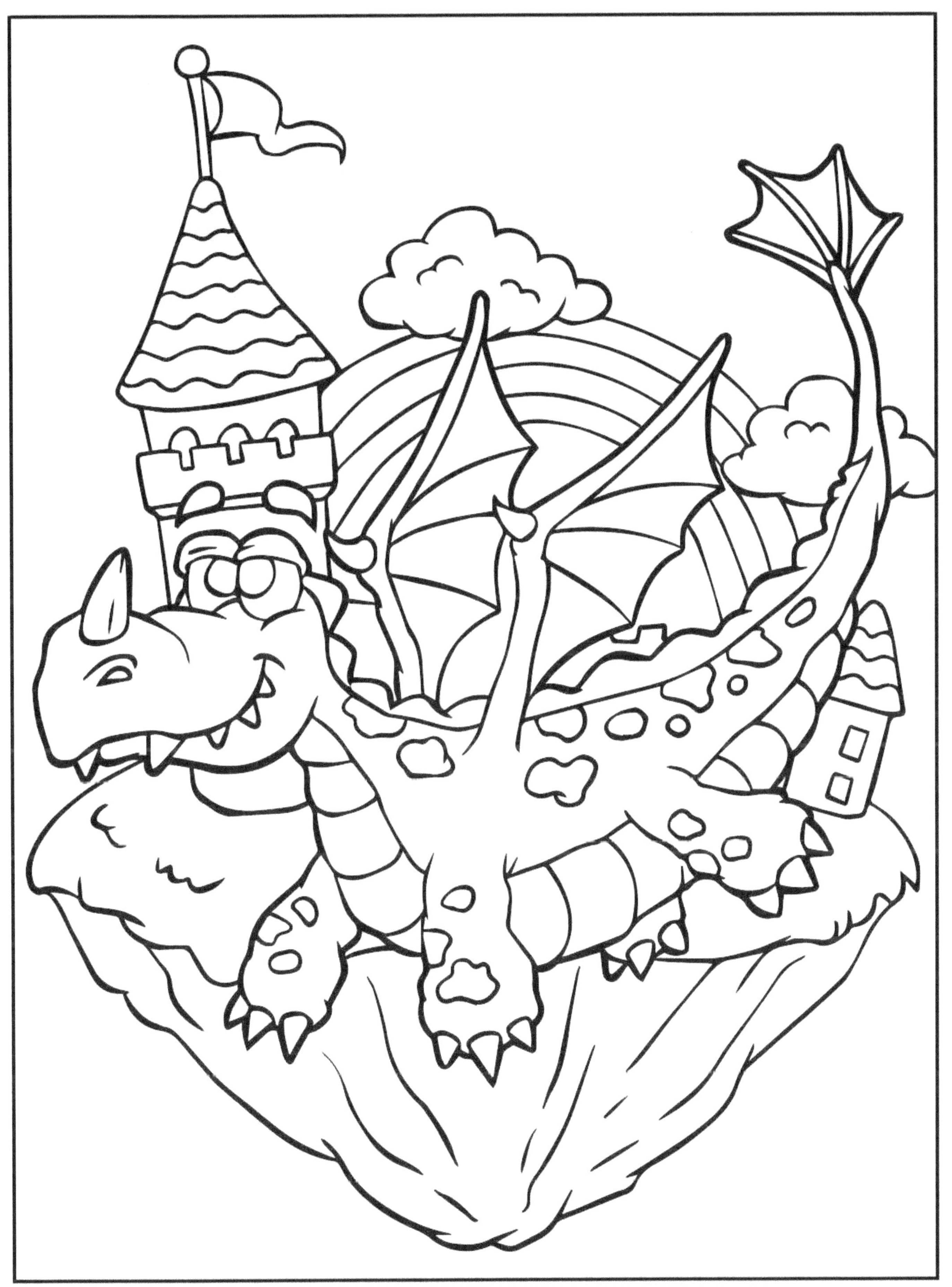

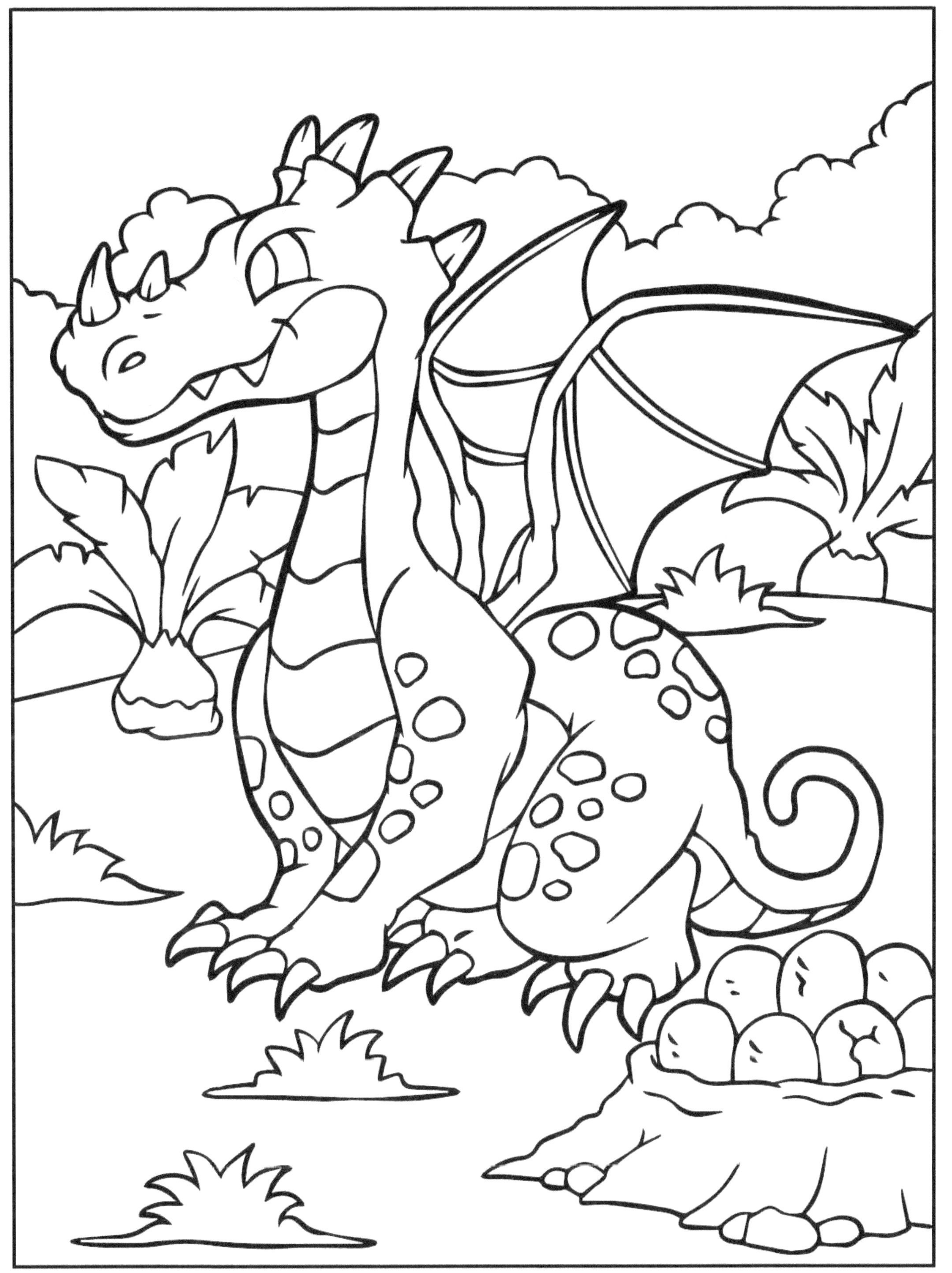

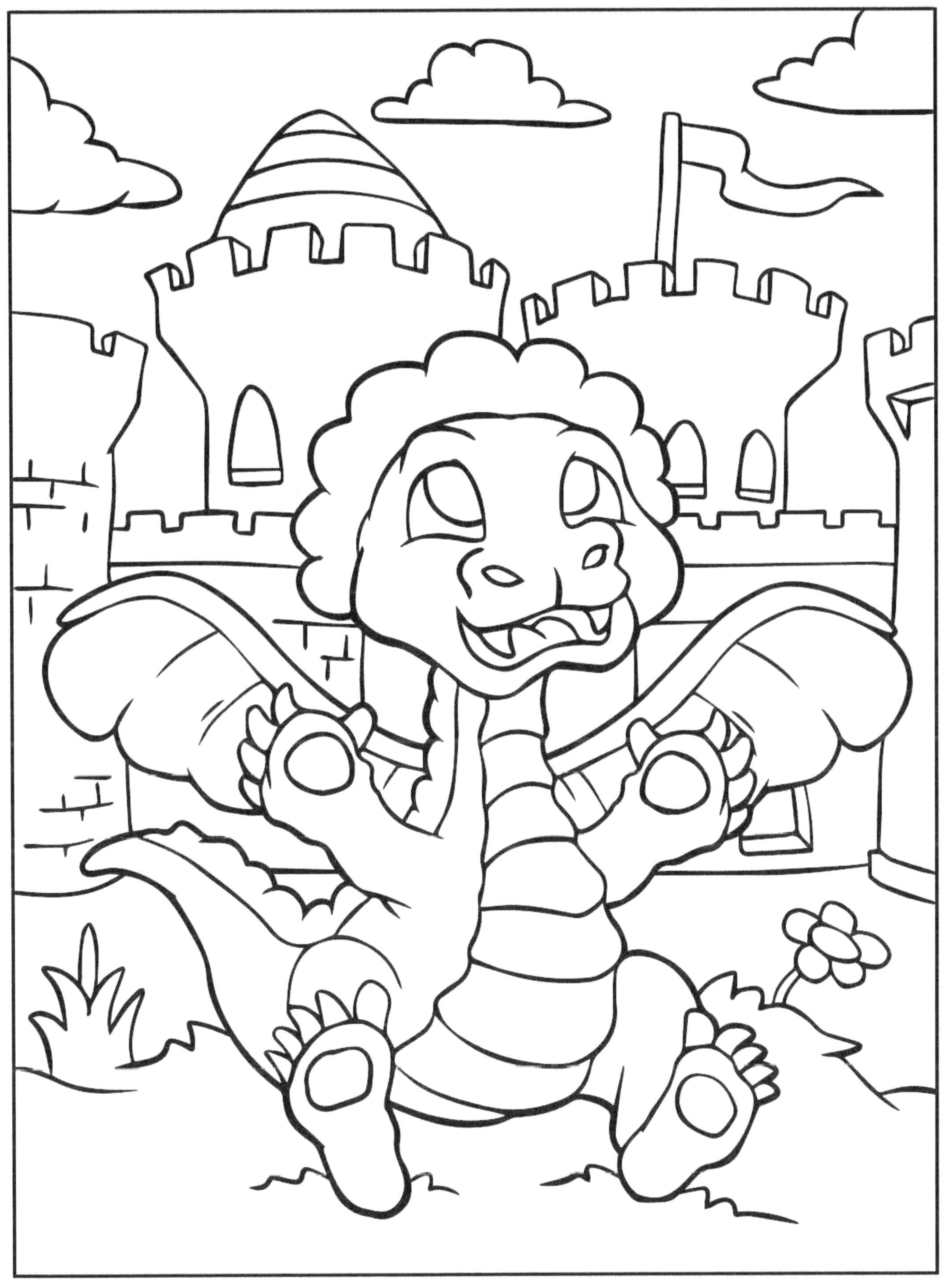

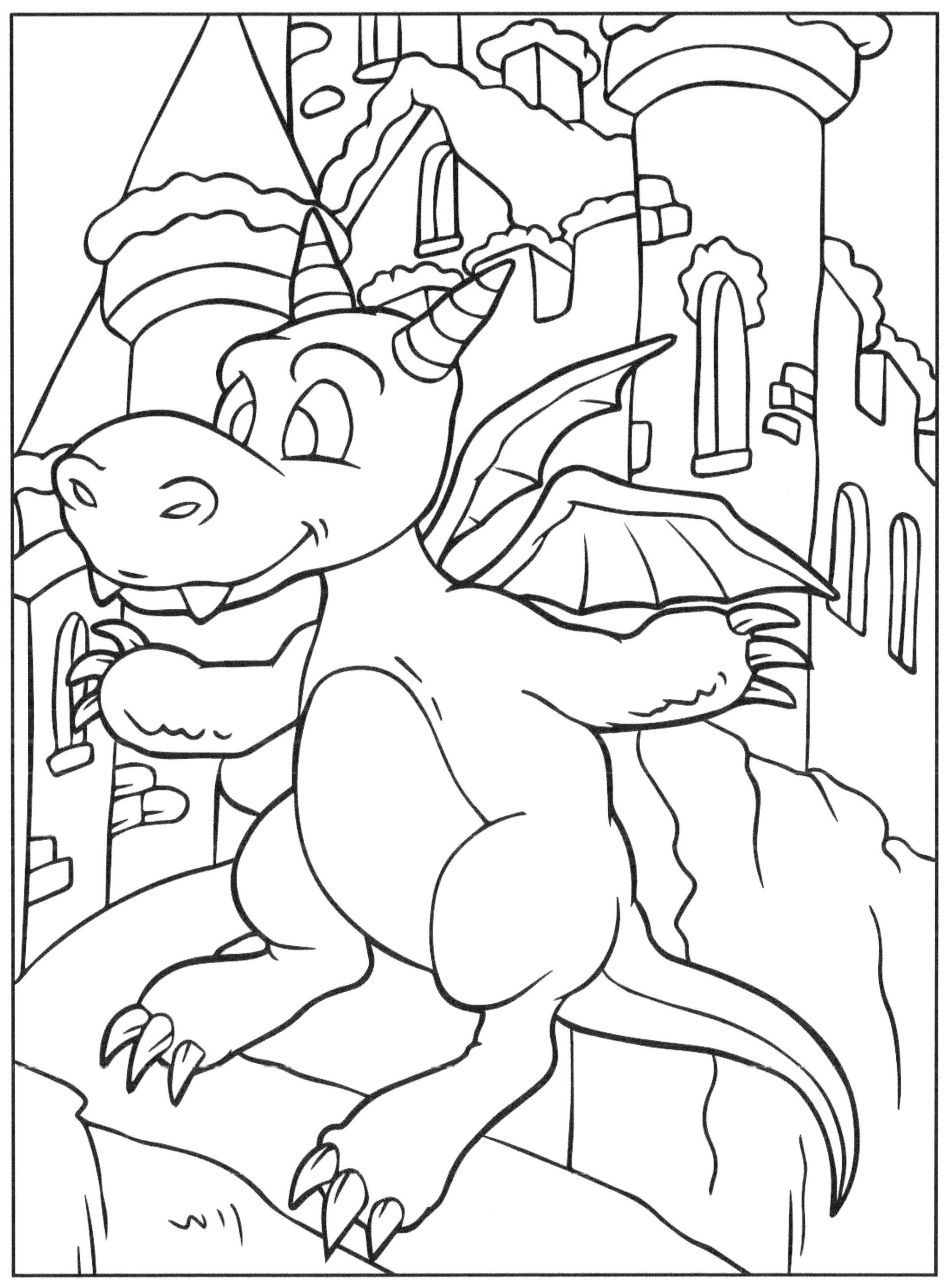

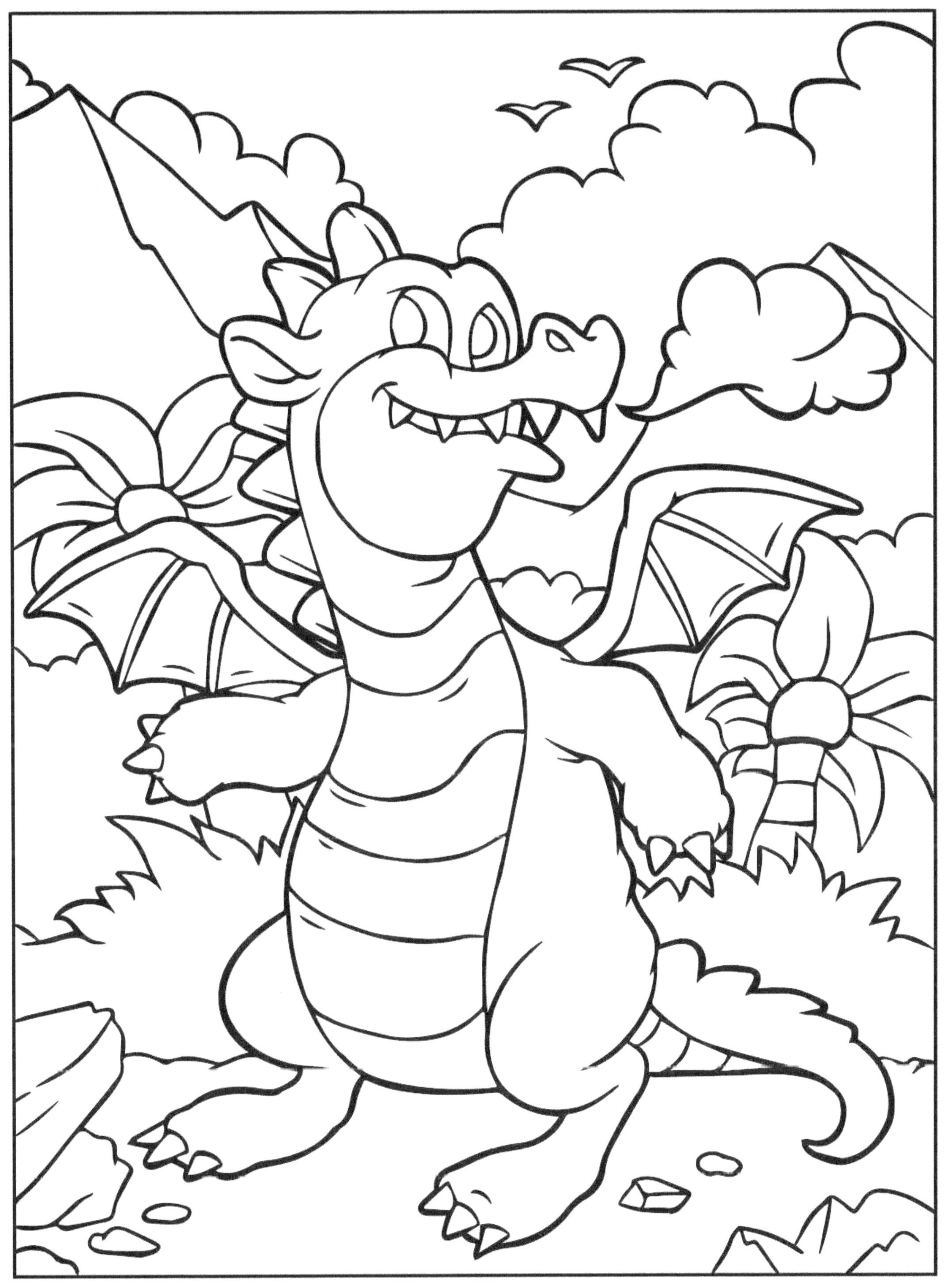

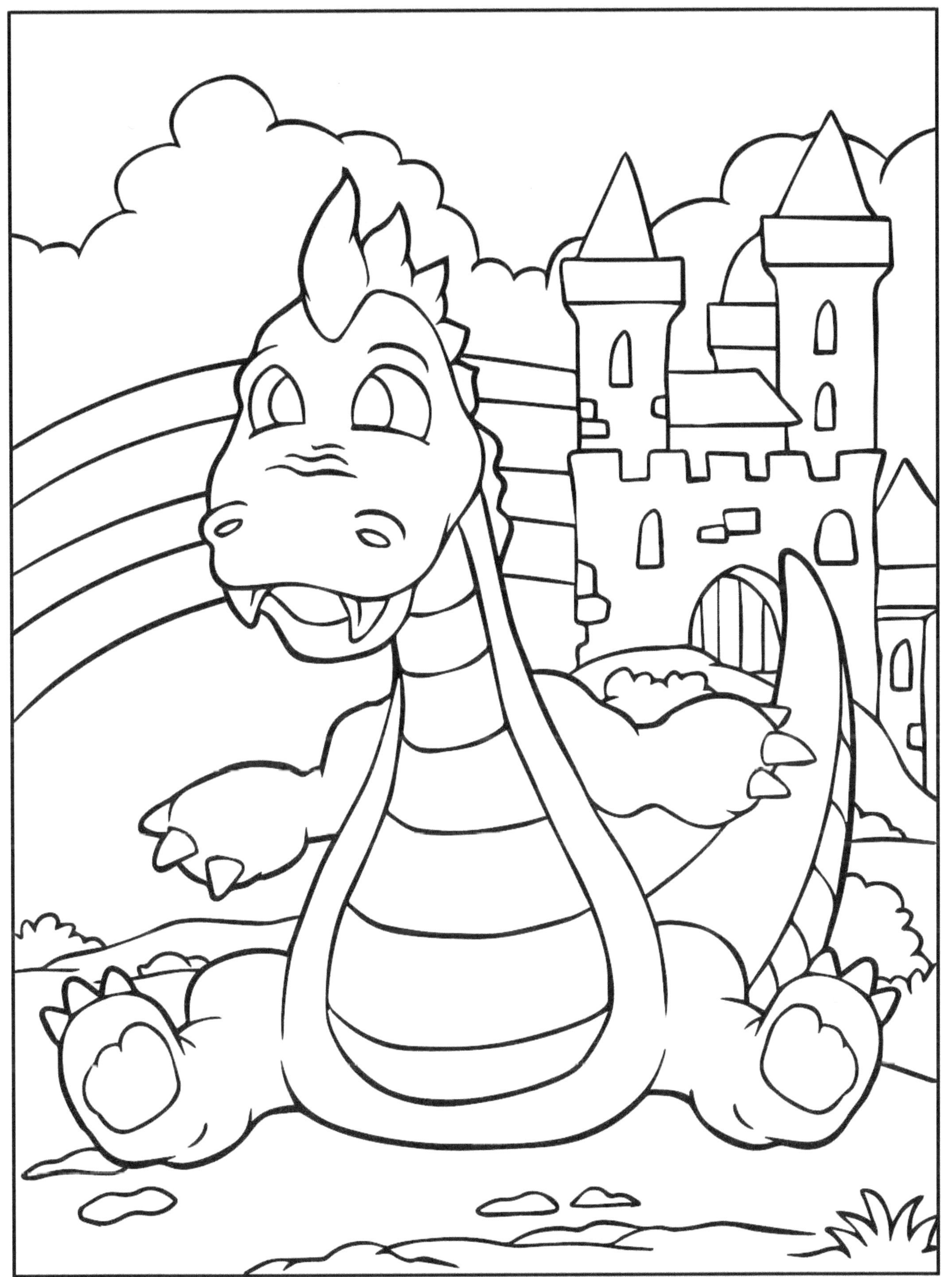

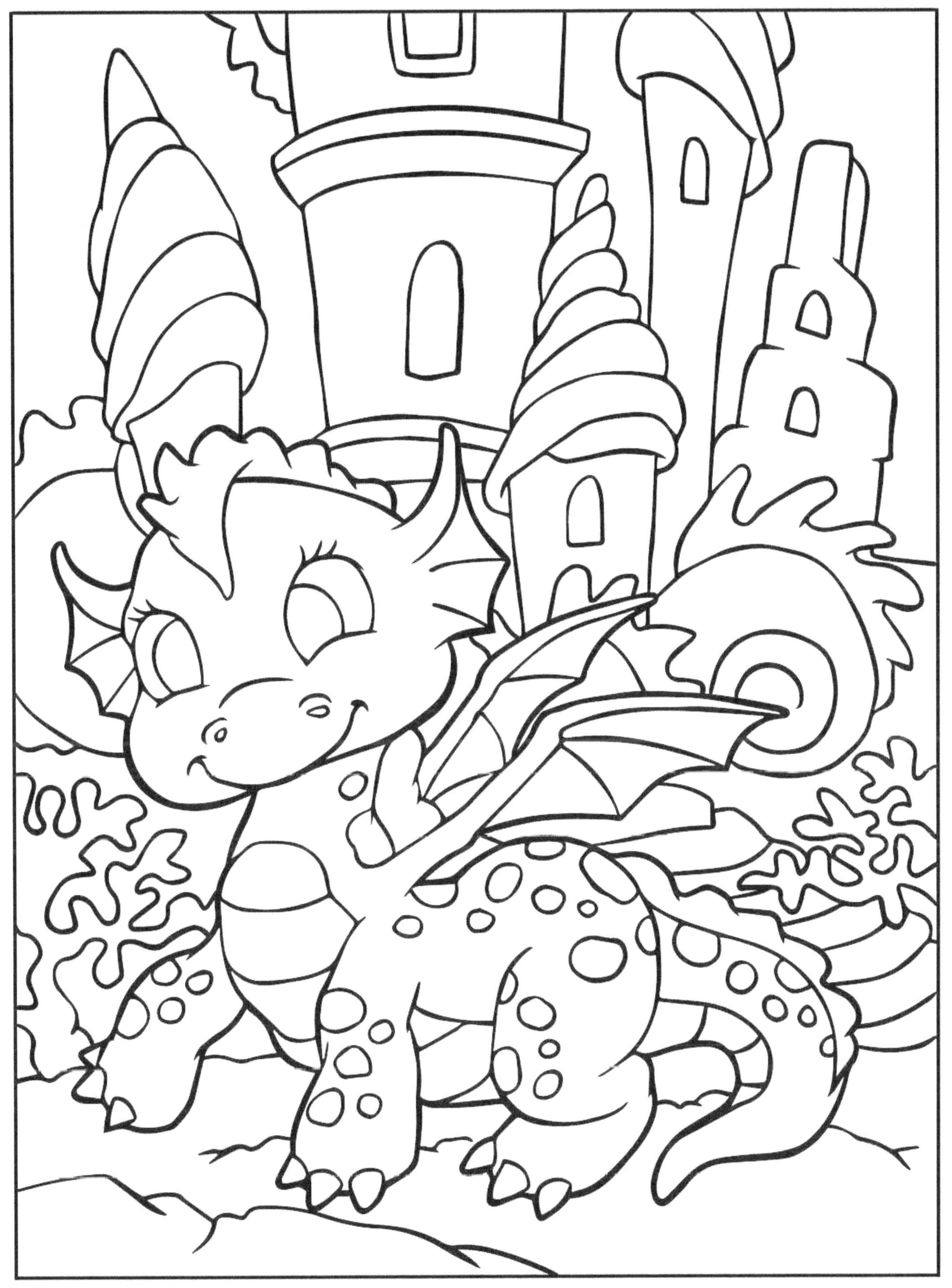

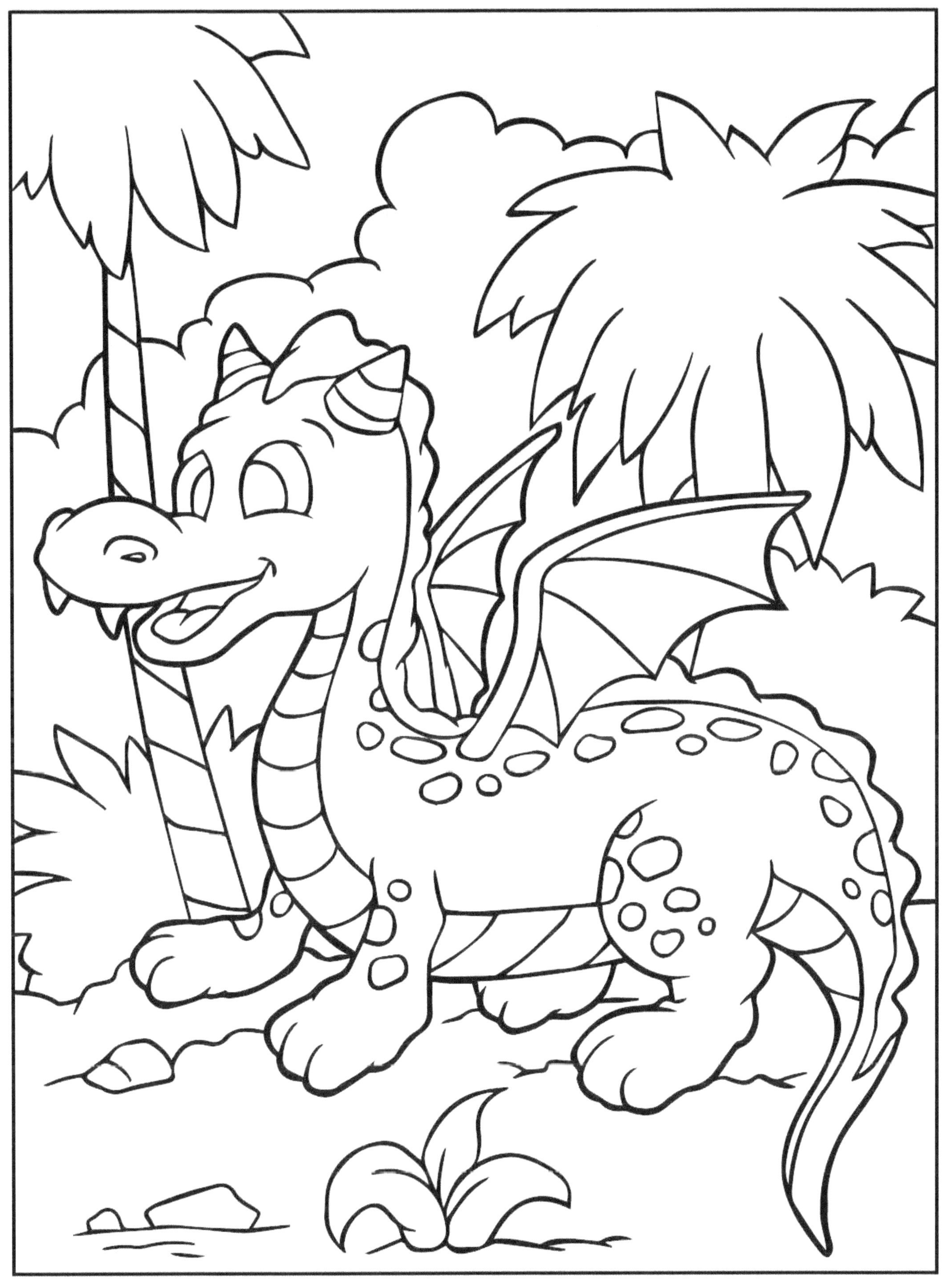

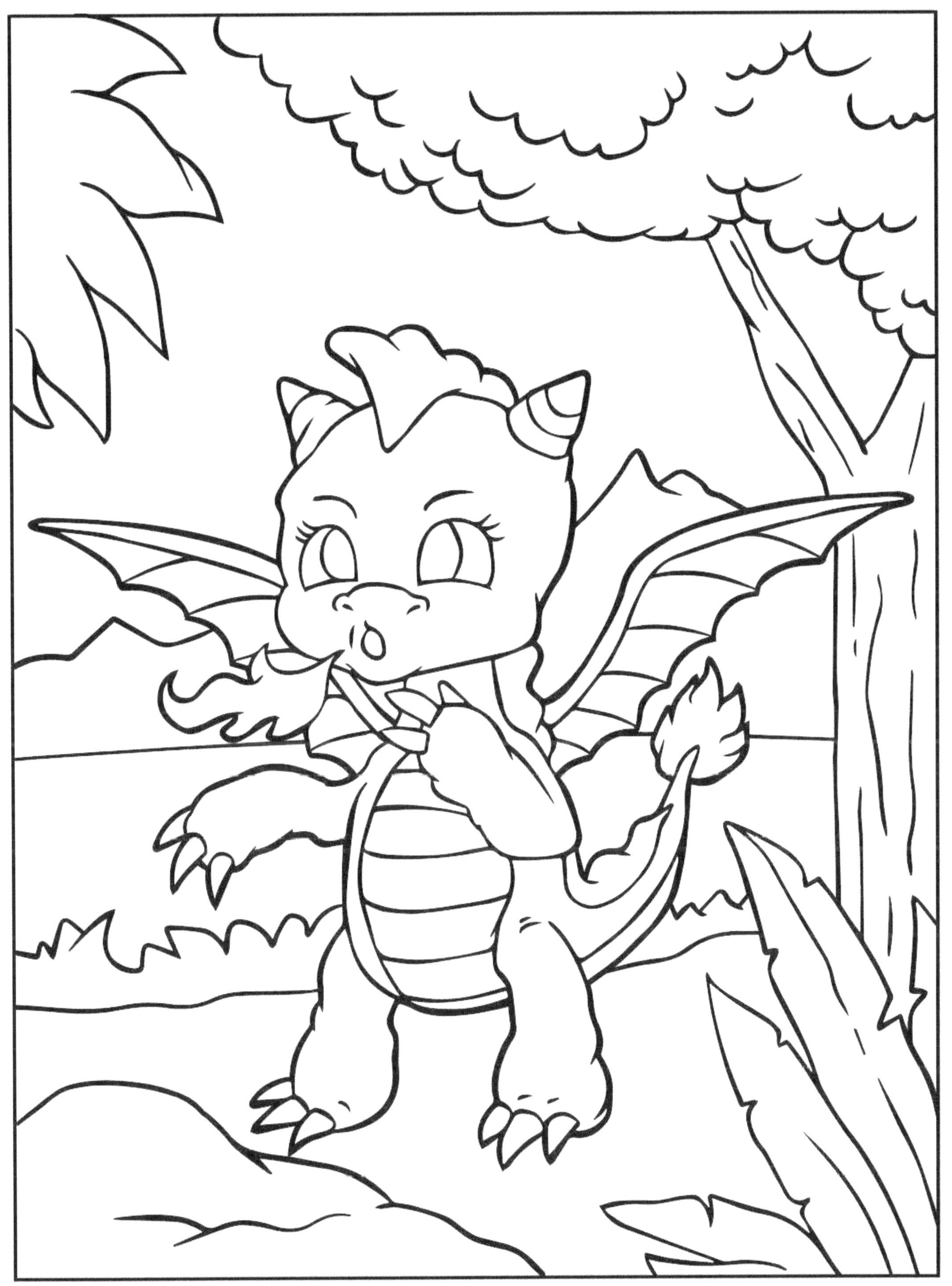

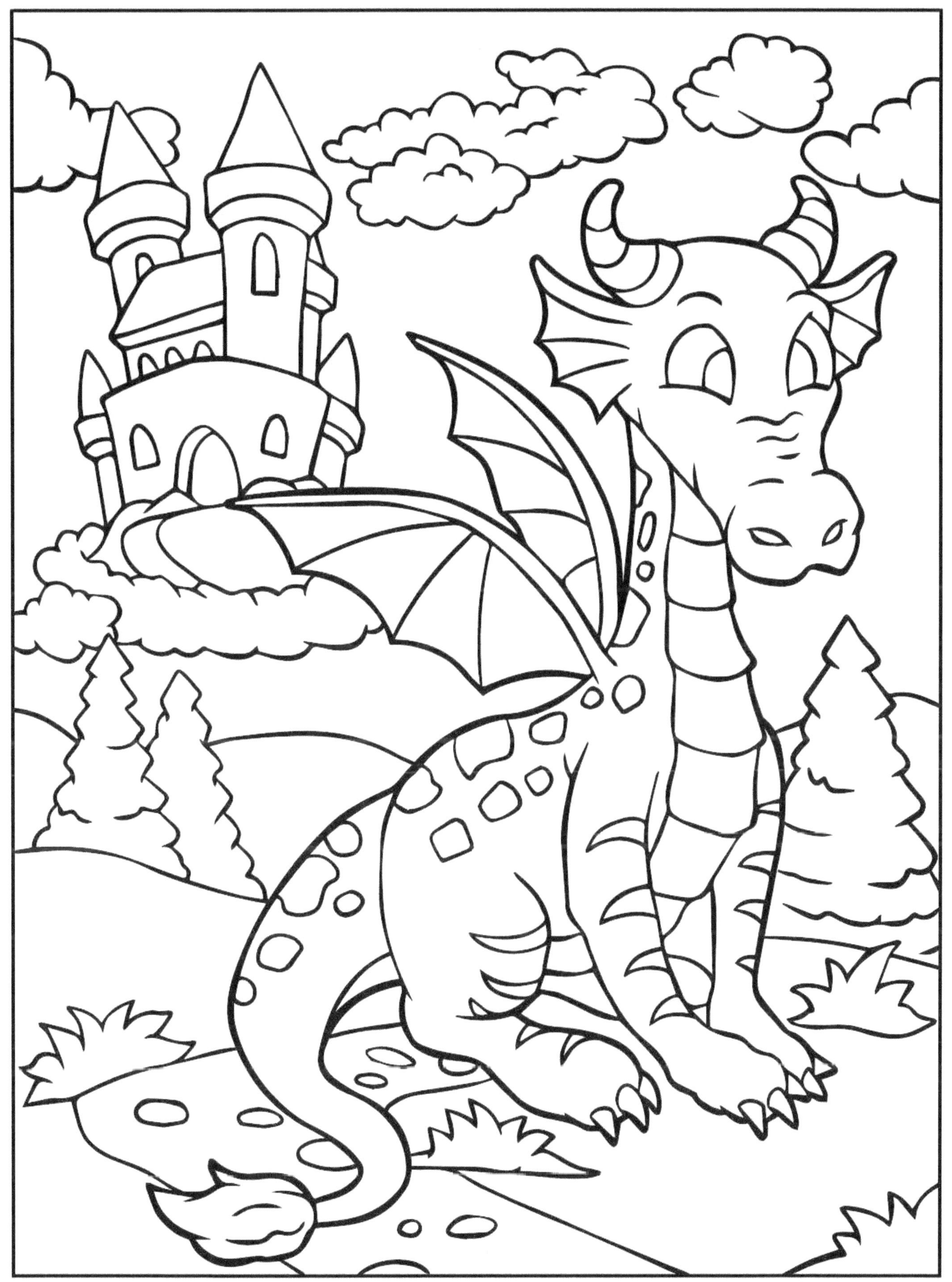

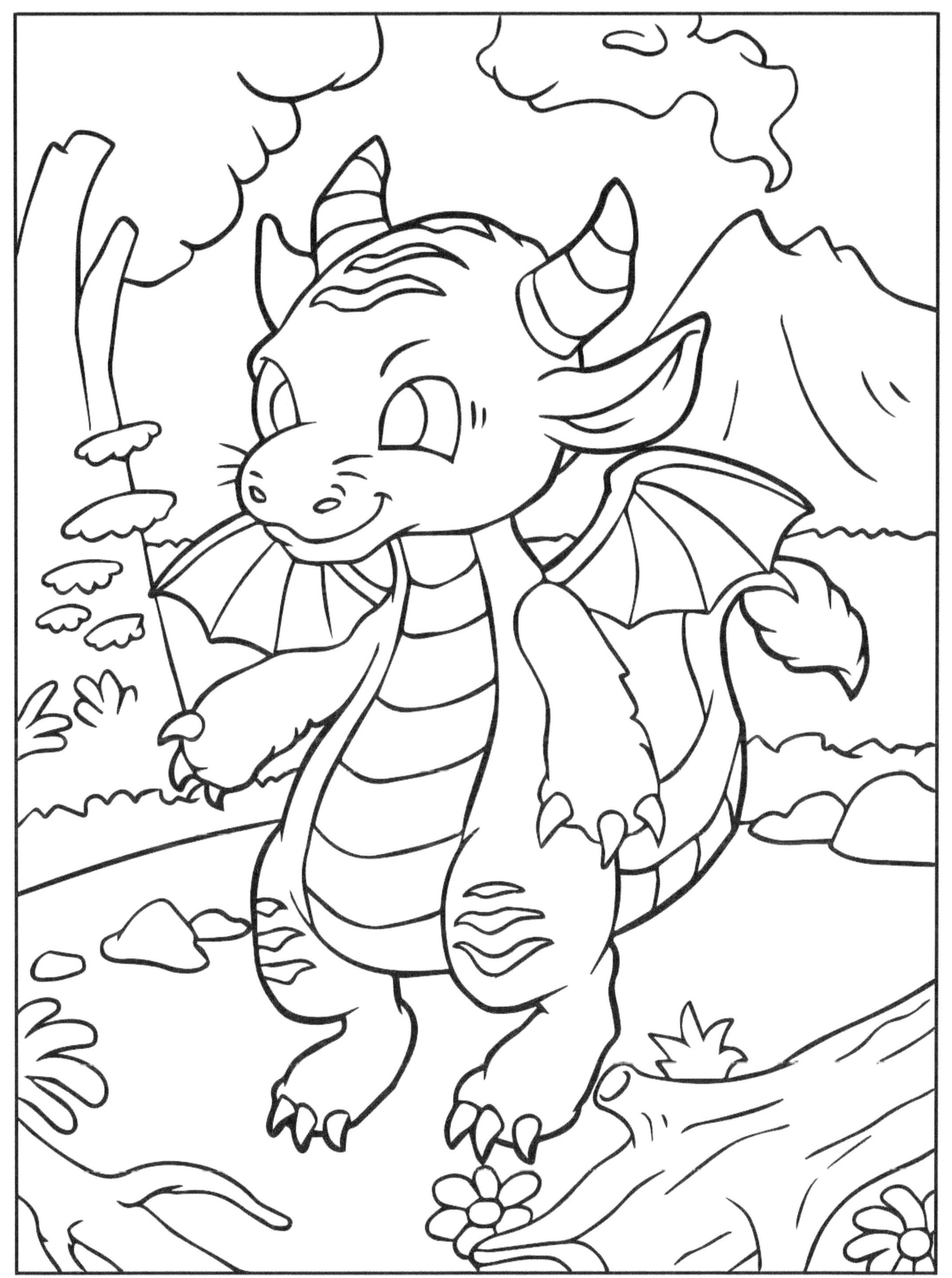

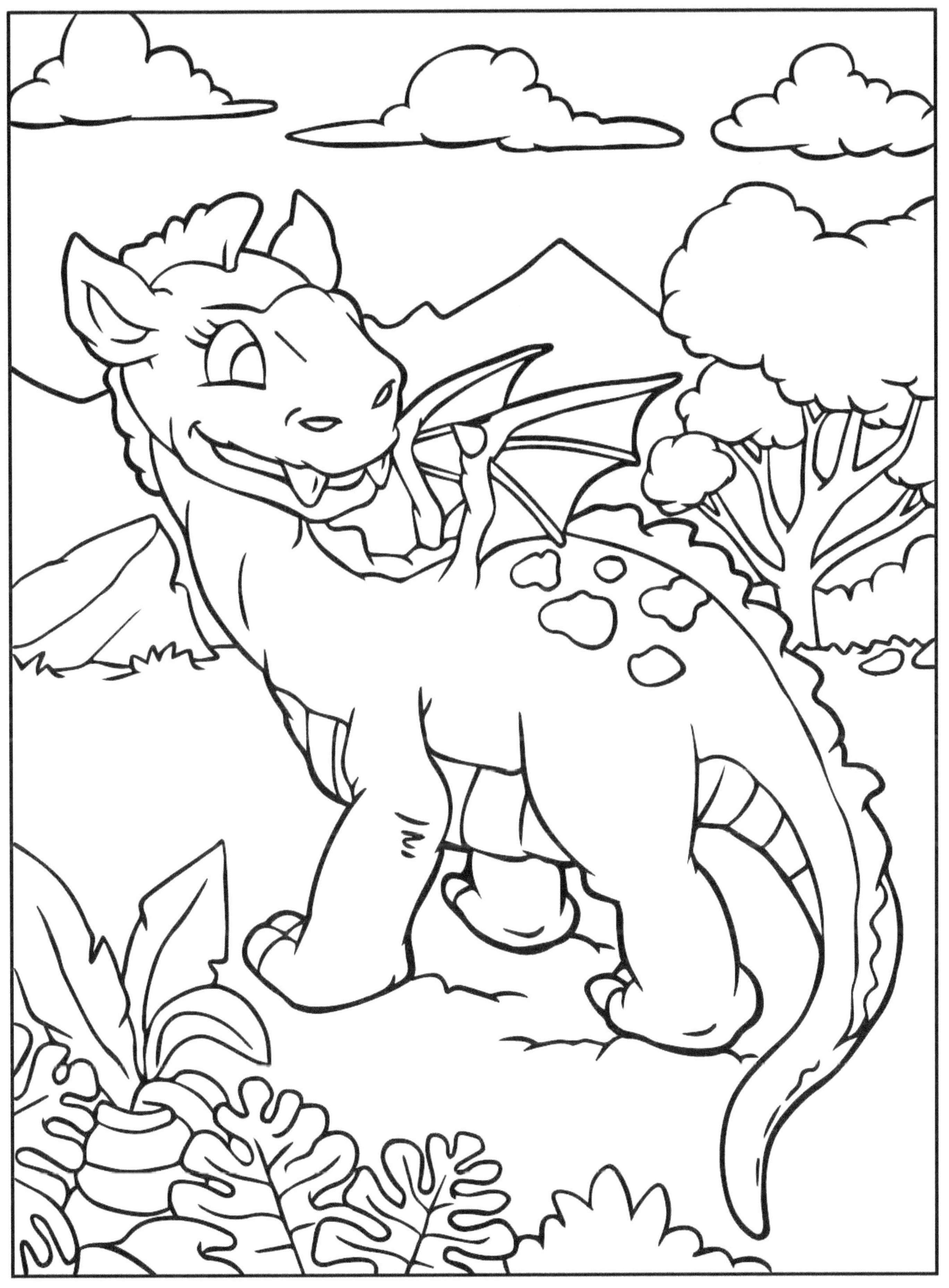

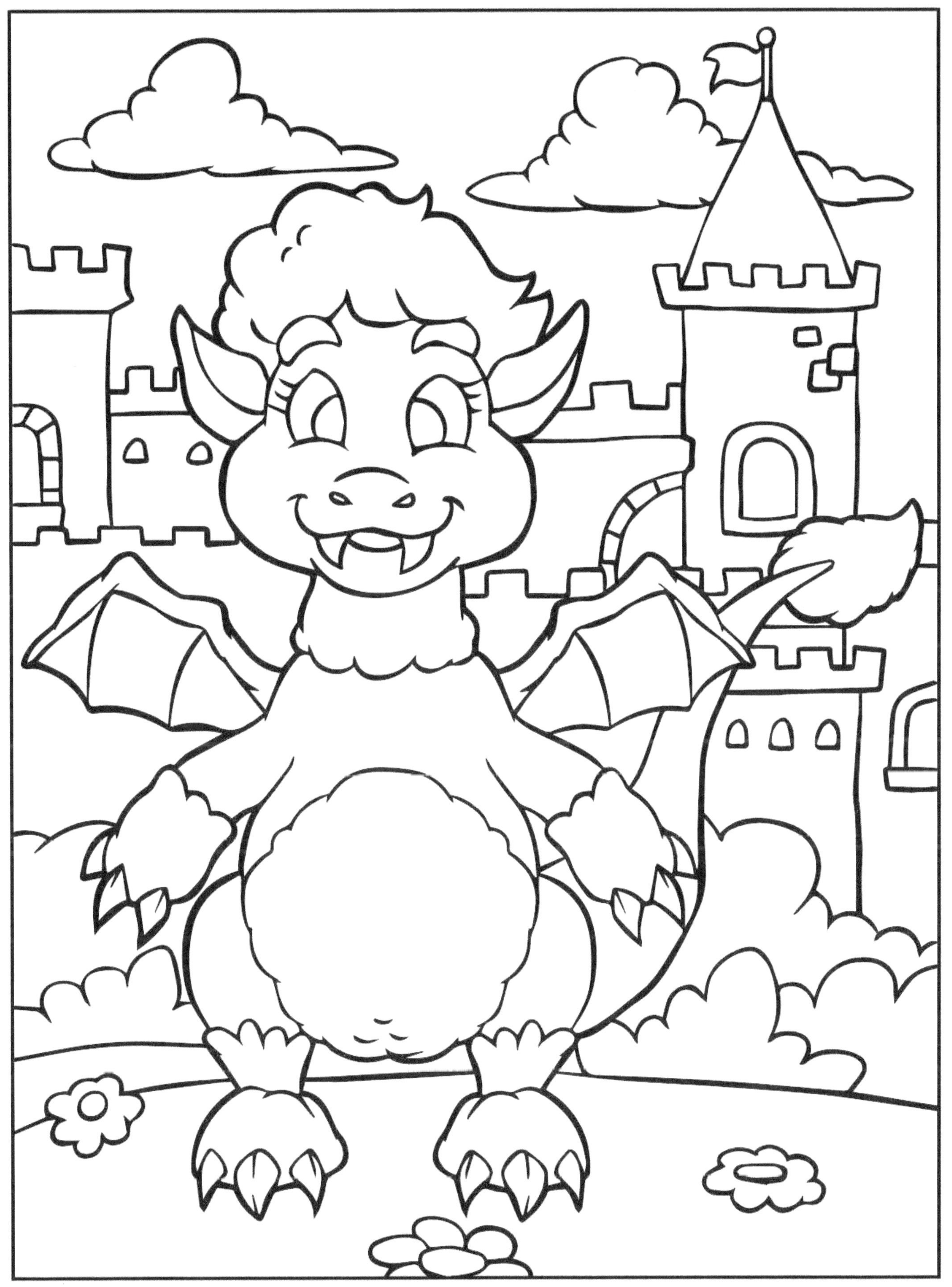

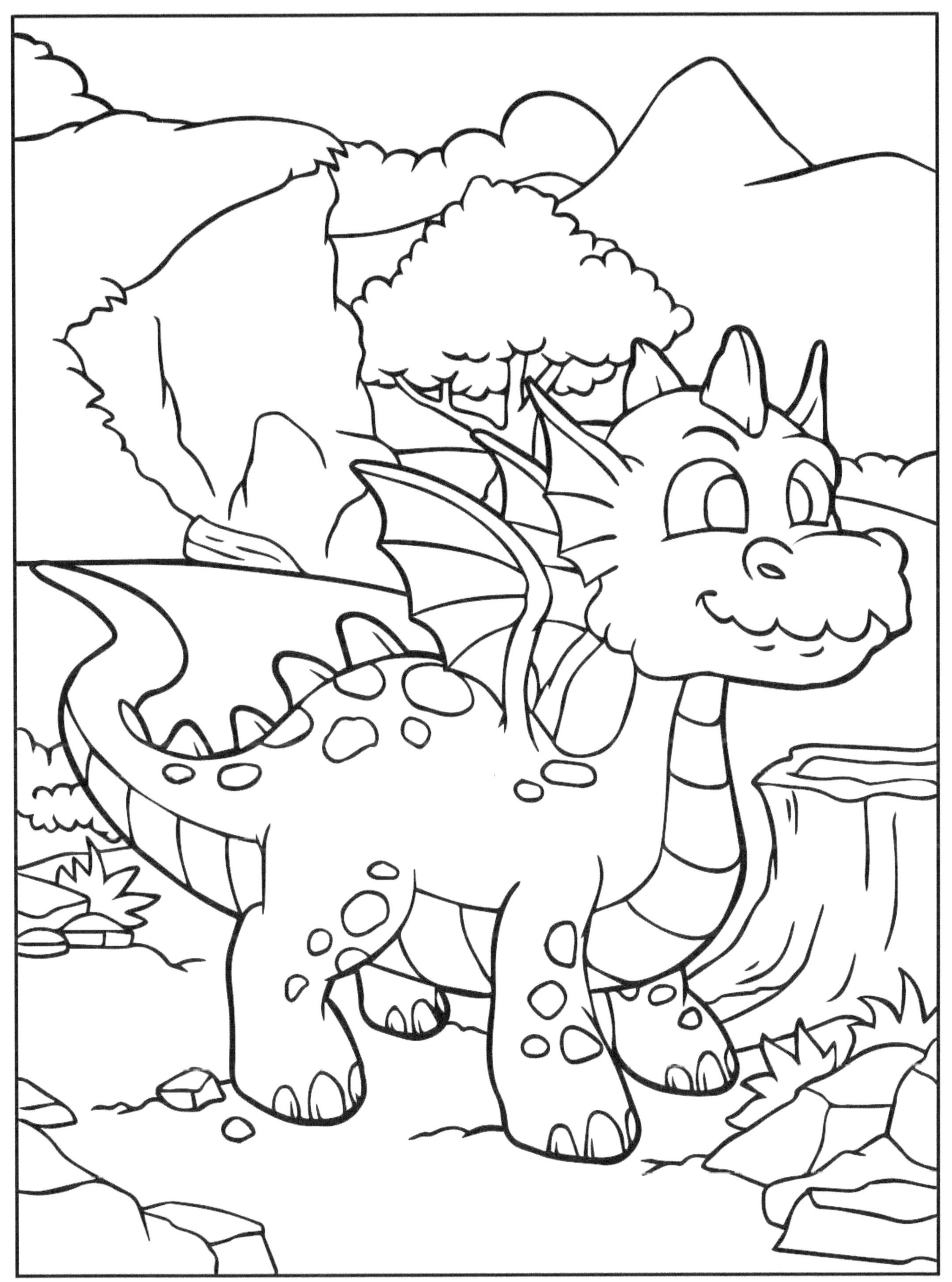

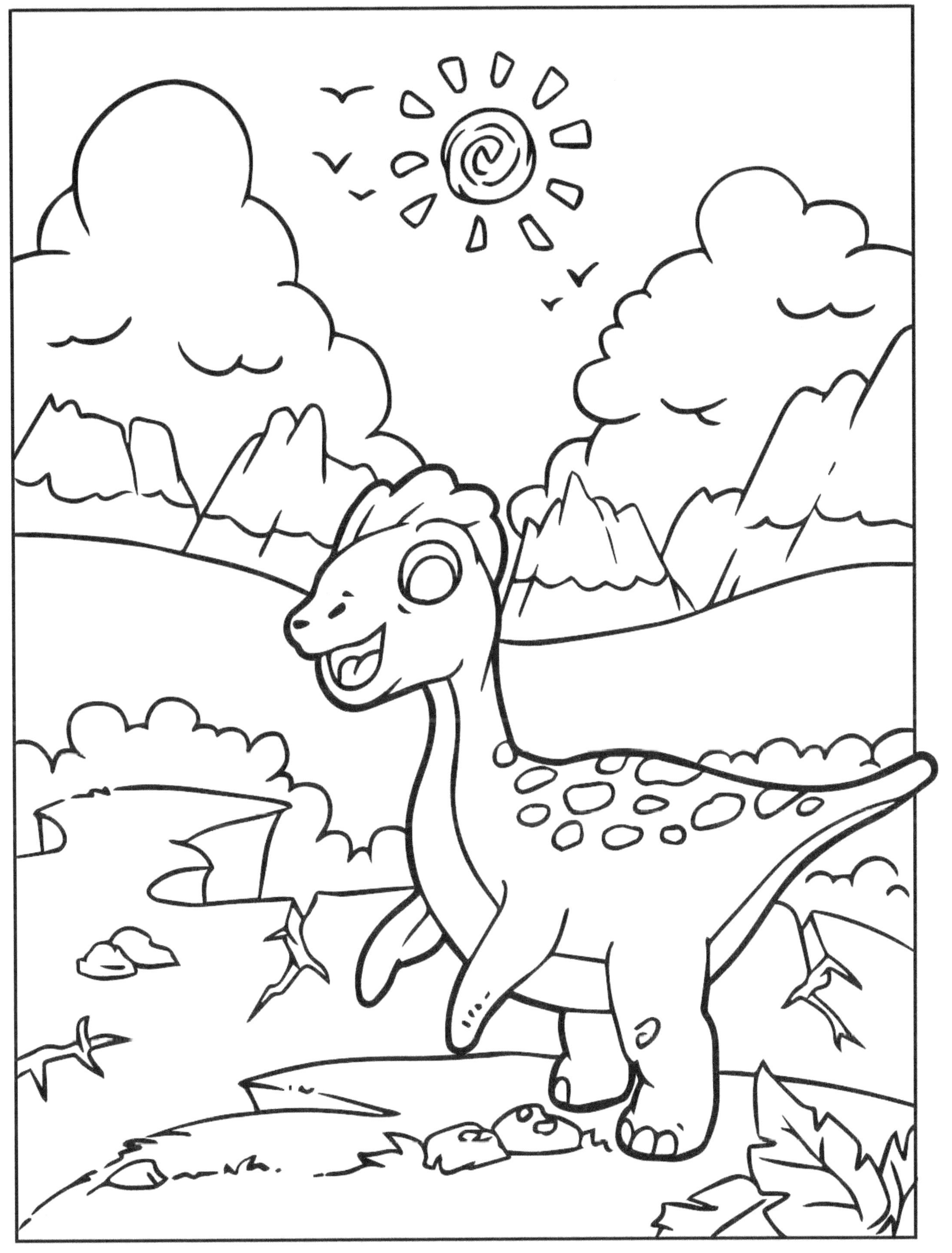

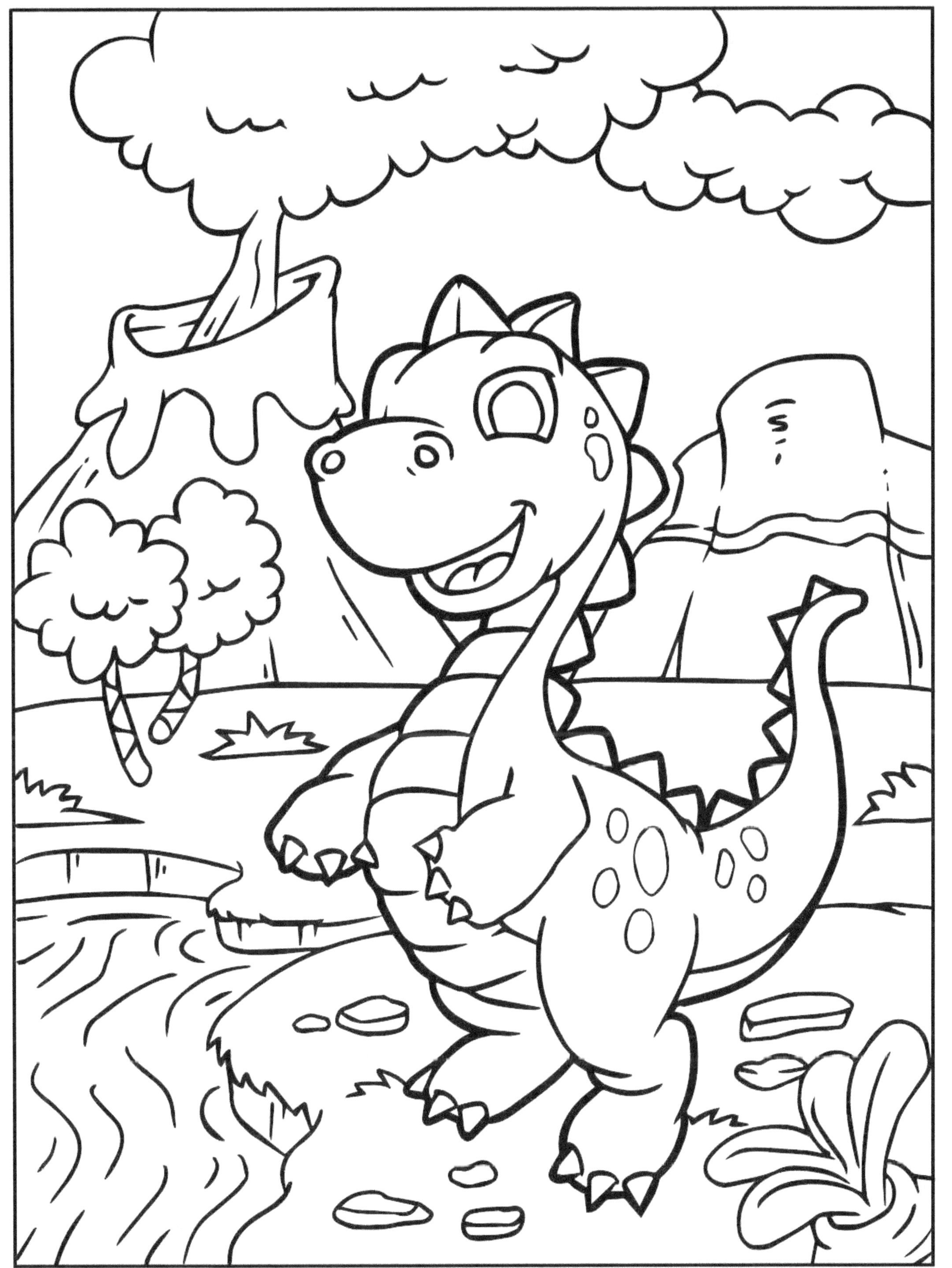

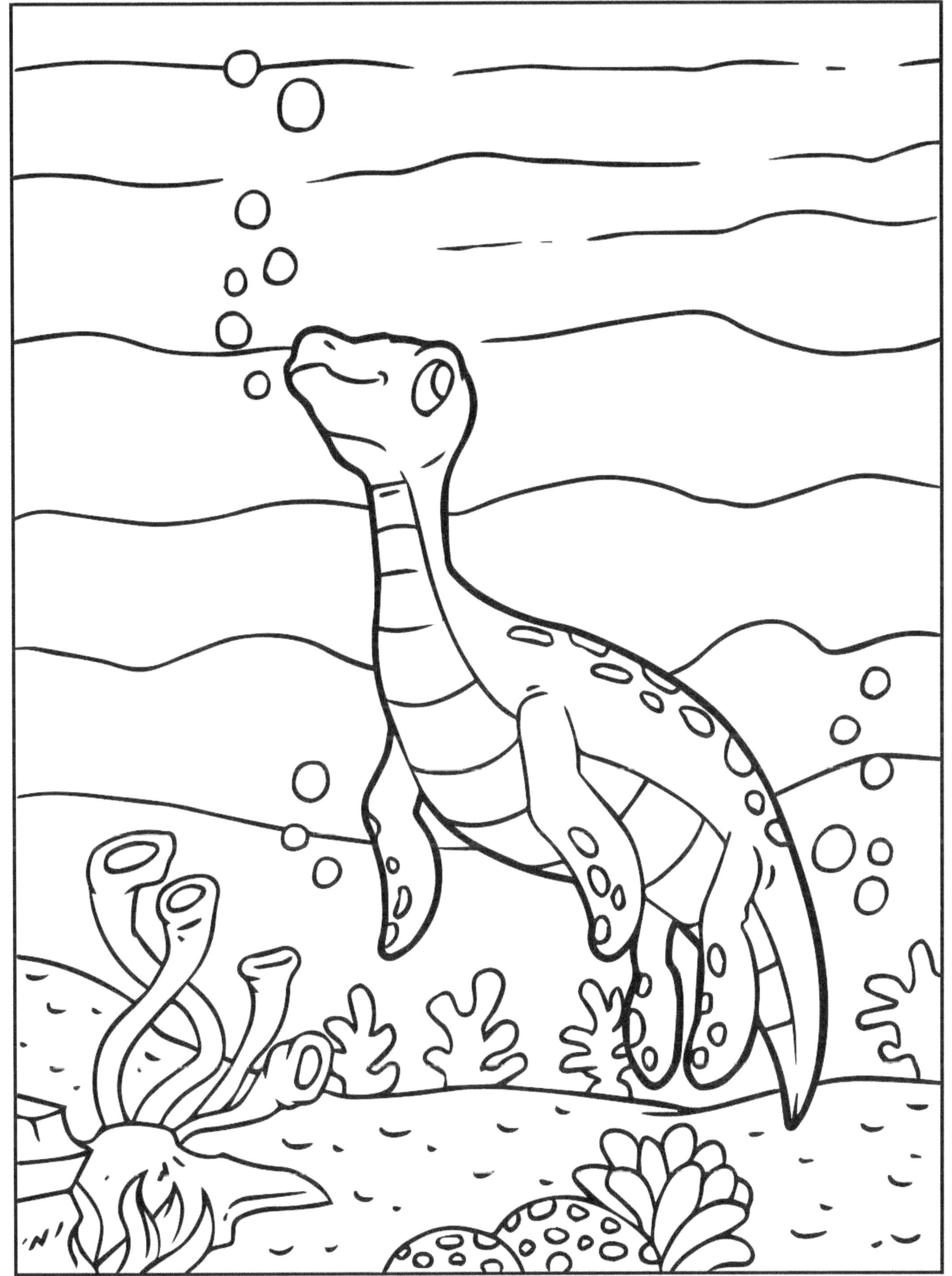

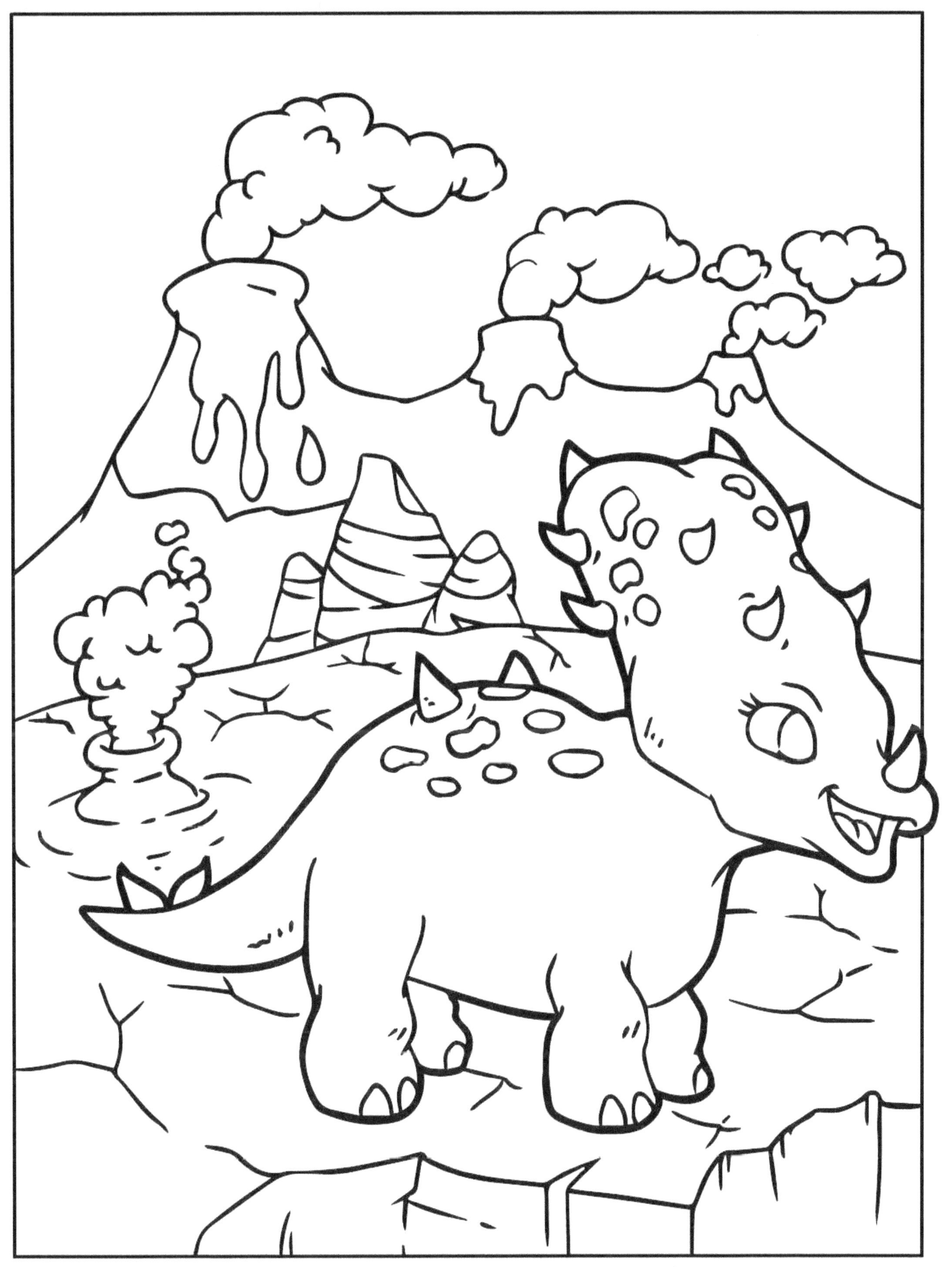

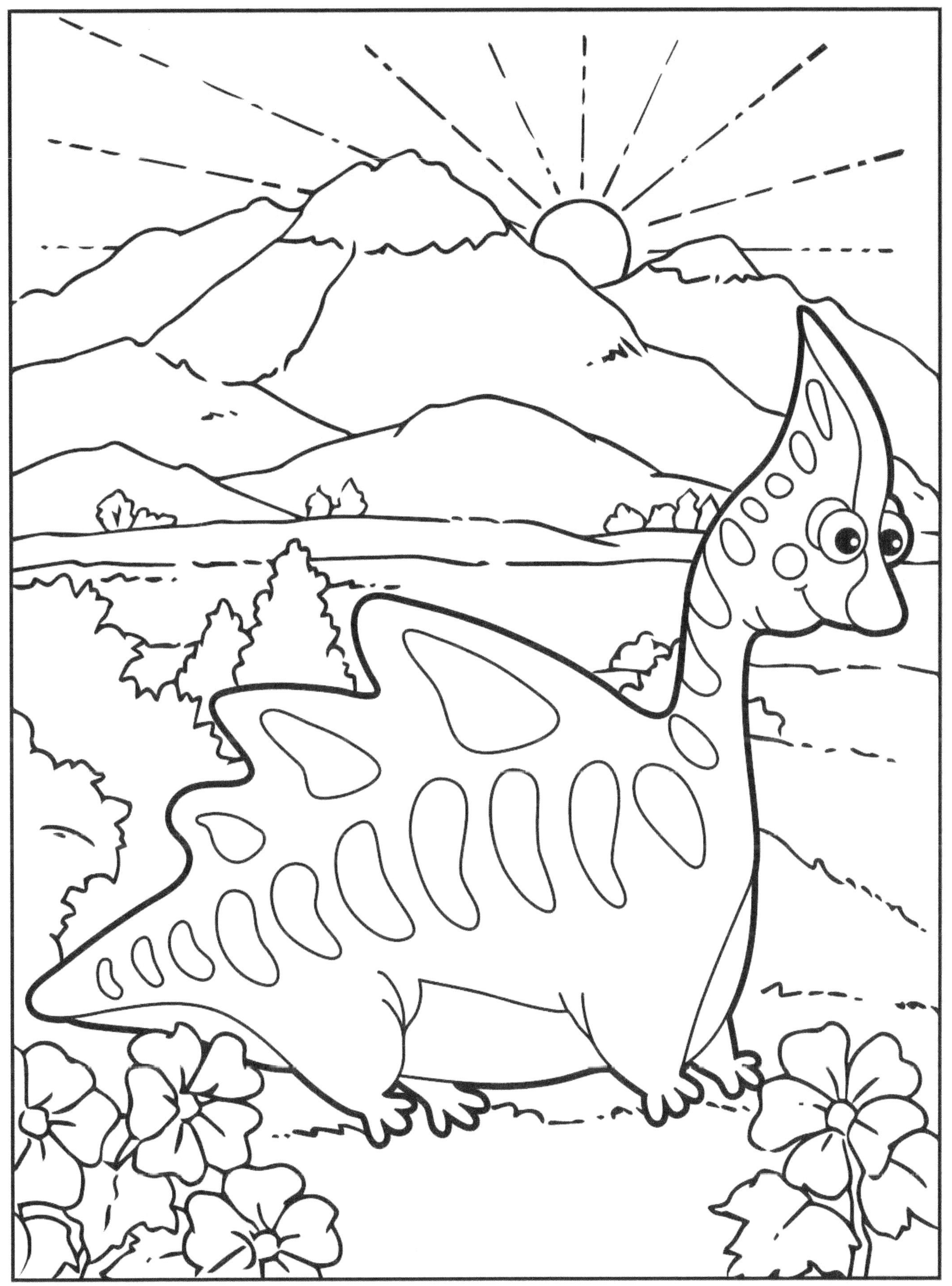

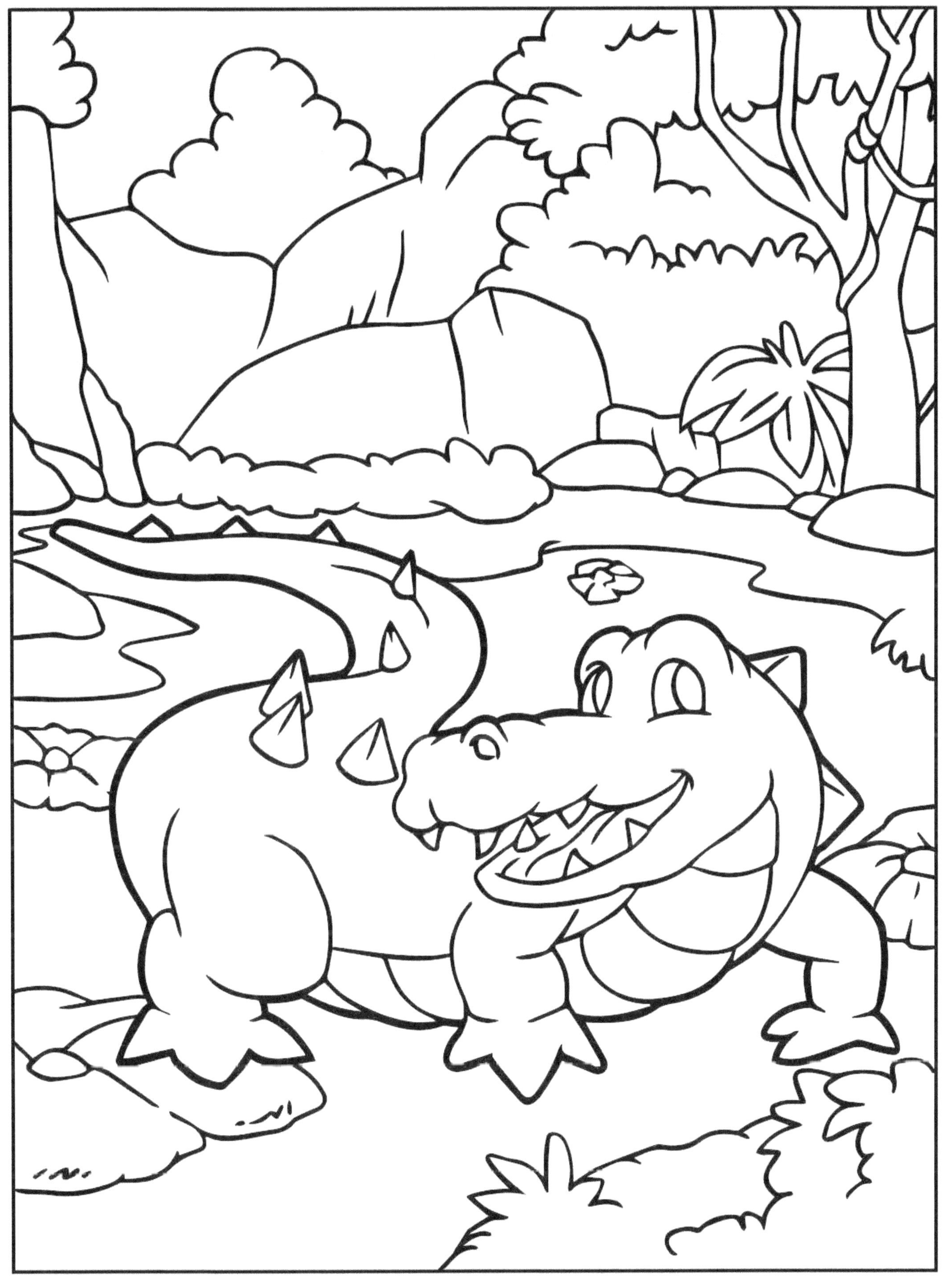

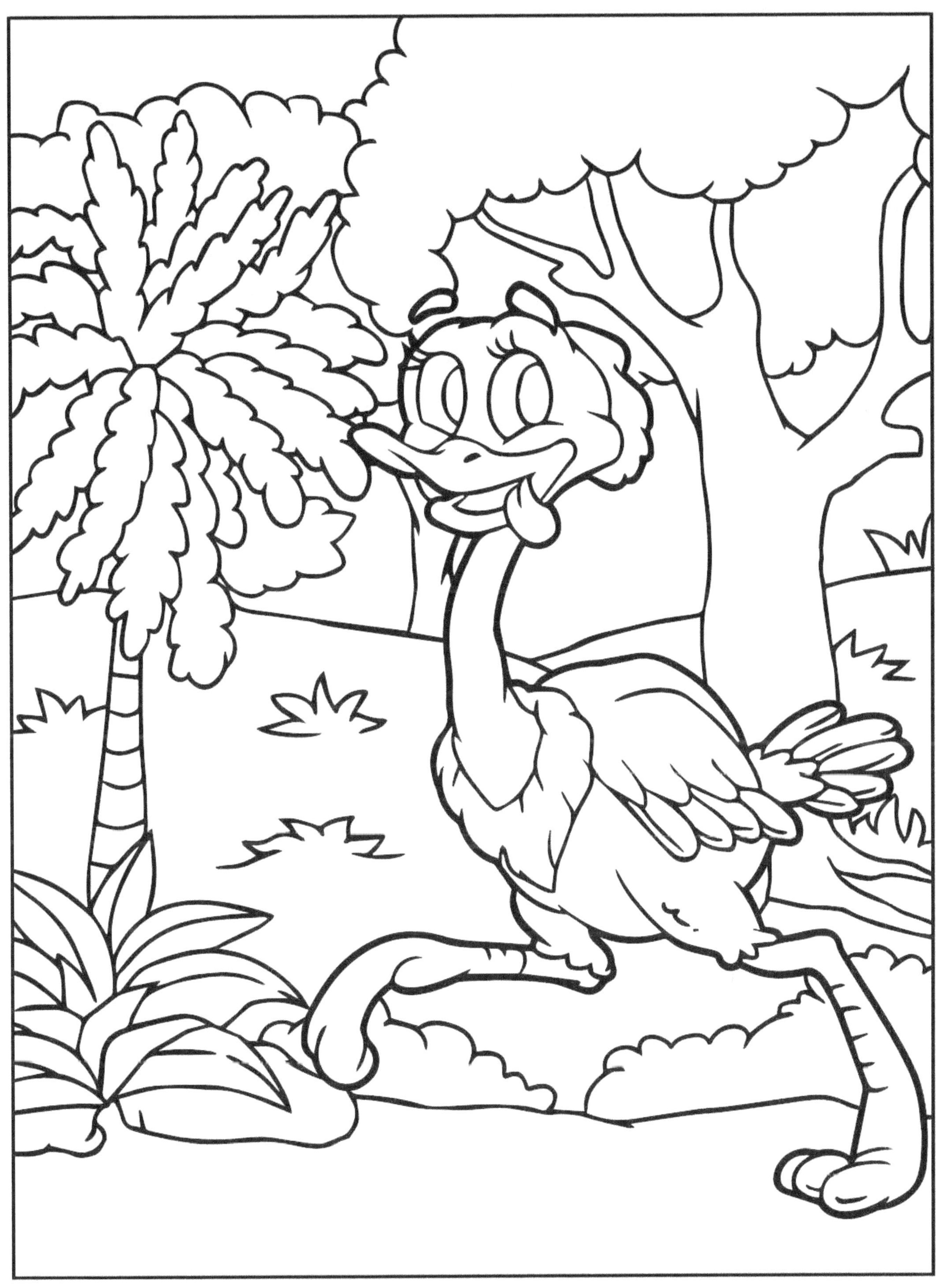

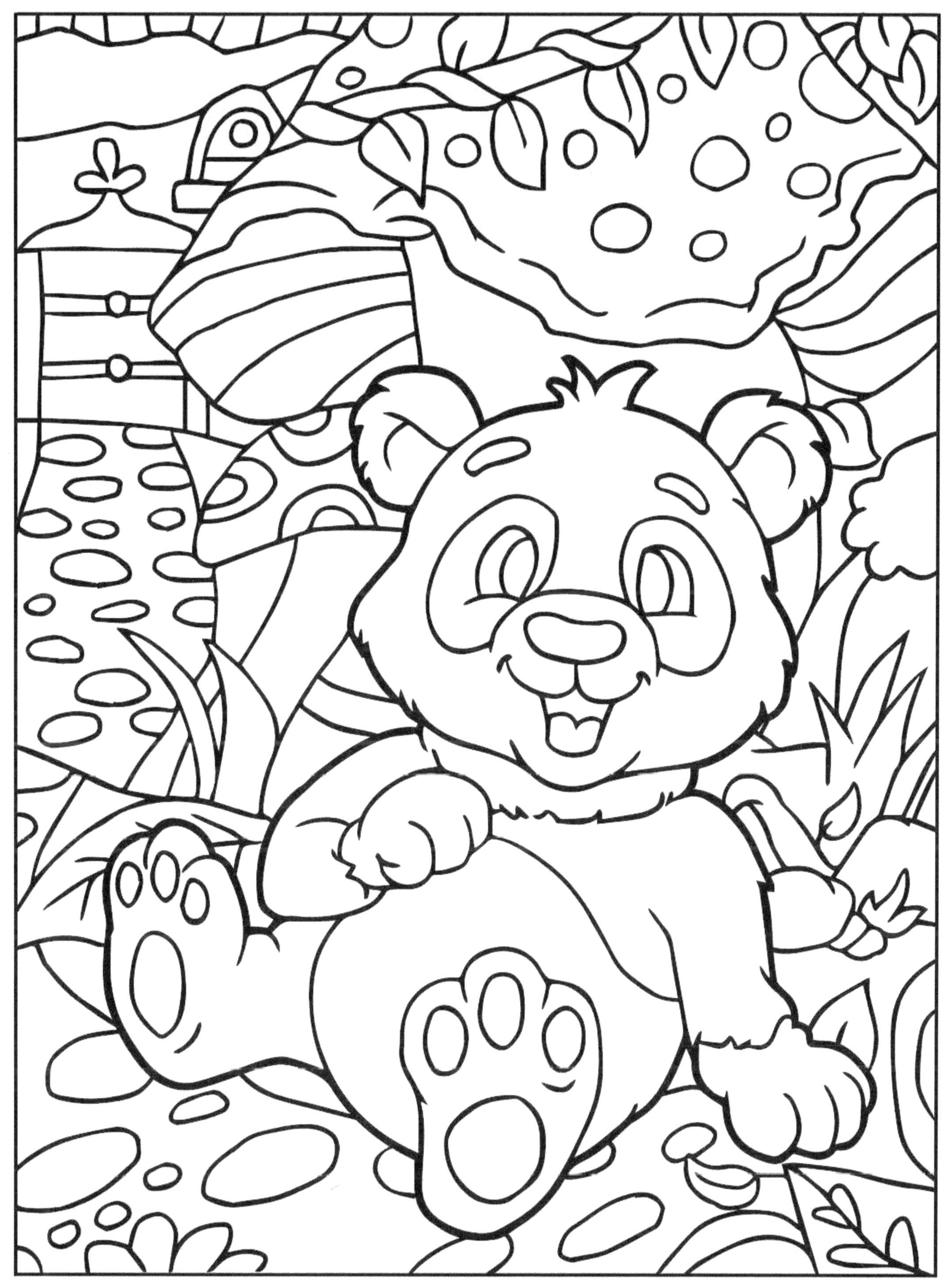

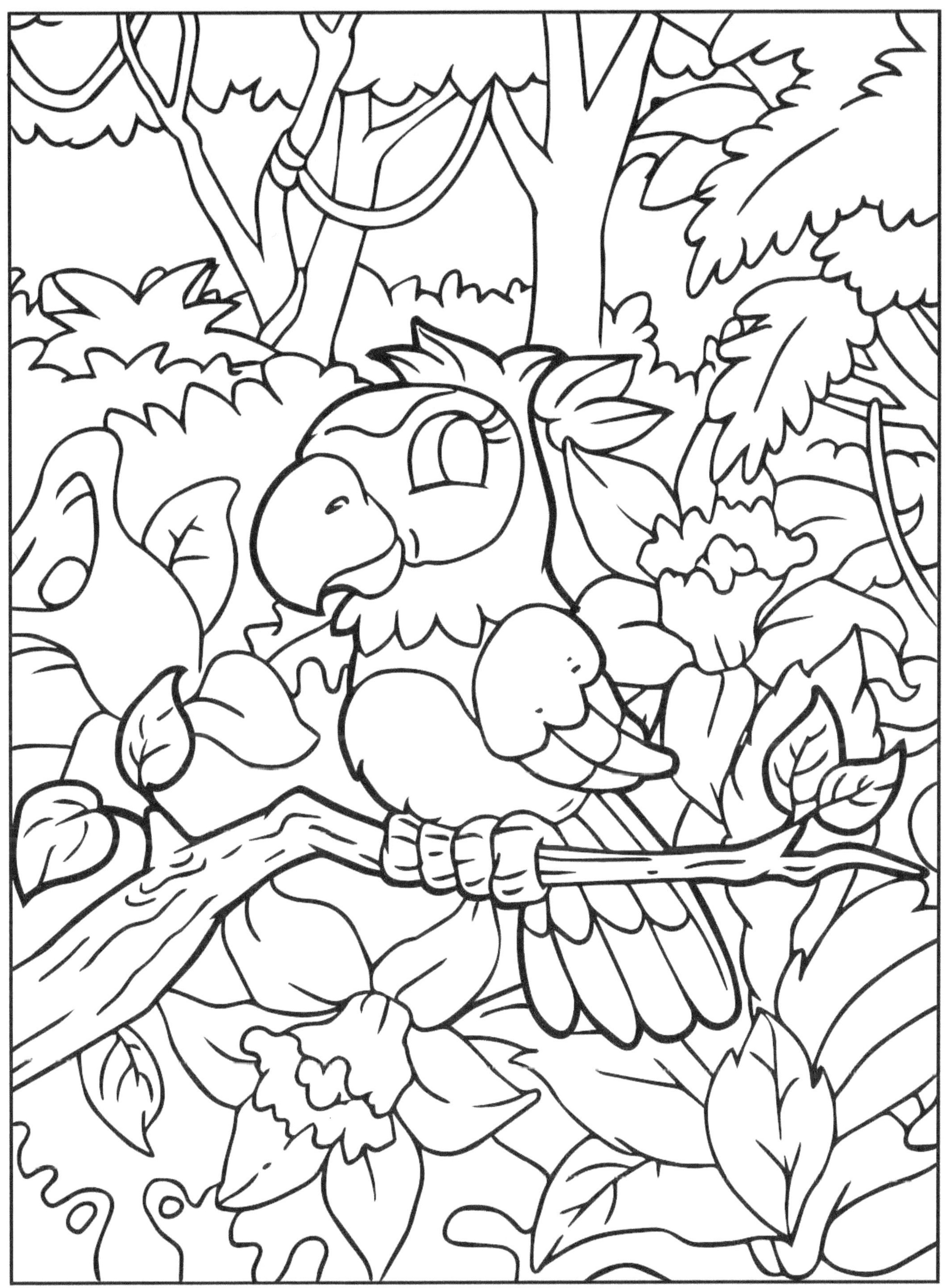

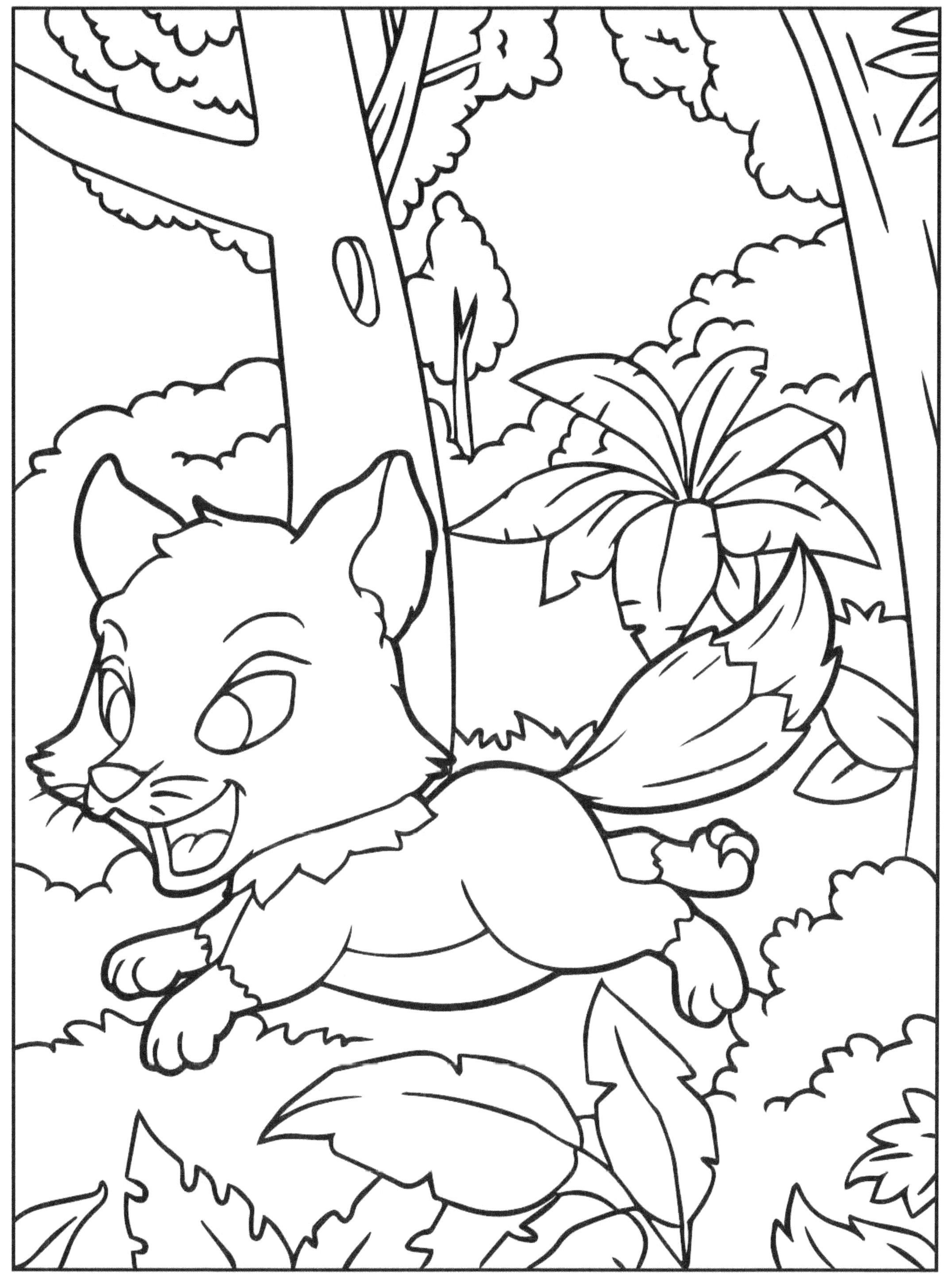